NOTICE BIOGRAPHIQUE

SUR

M. LE BARON THIEULLEN

ANCIEN SÉNATEUR

NOTICE

BIOGRAPHIQUE

Sur M. le Baron THIEULLEN

ANCIEN SÉNATEUR

RENNES

A. LEROY, IMPRIMEUR DE LA COUR IMPÉRIALE ET DE LA MAIRIE

rue Louis-Philippe, 4

—

1863

NOTICE

BIOGRAPHIQUE

SUR M. LE BARON THIEULLEN

ANCIEN SÉNATEUR

On l'a dit, peu d'existences ont été plus solidement utiles que celle de M. le baron Thieullen.

Né à Rouen, en 1789, il eut devant les yeux, dès sa première jeunesse, de nobles exemples. En effet, son père, qui fut particulièrement distingué par l'Empereur Napoléon Ier, et qui mourut, en 1811, premier président de la Cour de Rouen, baron de l'Empire et commandeur de la Légion-d'Honneur, était un de ces hommes d'élite dont le nom, s'il devient pour leur fils un noble héritage, leur impose de grands devoirs à remplir.

Nommé auditeur au Conseil d'Etat en 1810, M. Thieullen devint la même année sous-préfet de chef-lieu à Caen : il avait alors vingt et un ans. En 1812, il épousa la fille du baron Locré, secrétaire général du Conseil d'Etat sous le premier Empire.

C'est de Moscou, 12 septembre 1812, qu'est datée la lettre par laquelle l'Empereur Napoléon Ier daigna donner son agrément à cette union.

Le 26 décembre suivant, à son retour de la campagne de Russie, l'Empereur, voulant honorer la mémoire du père, magistrat éminent, aussi recommandable par ses vertus que par son profond savoir, et donner au fils un témoignage de plus de sa haute bienveillance, daigna signer son contrat de mariage, sur lequel figuraient déjà les plus grands noms de l'Empire.

Appelé en 1814, au milieu des circonstances les plus critiques, à la sous-préfecture de Corbeil, M. Thieullen sut rester dans ce poste de confiance, en présence des armées ennemies qui s'avançaient sur Paris, à la hauteur des devoirs qu'il avait à remplir envers l'Empereur.

Après la chute de l'Empire, il brisa sa carrière comme d'autres avaient brisé leur épée.

Toutefois, bien jeune encore, trop jeune pour avoir acquis le droit de se reposer, ayant l'amour du travail, l'habitude des affaires et, par dessus tout, le désir de servir son pays, M. Thieullen accepta, en 1819, les fonctions de sous-préfet à Dieppe.

Là, comme partout où il a passé, il ne tarda pas à se concilier l'estime et l'affection de ses administrés; mais son esprit droit, libéral, ennemi de tout excès, ne pouvait convenir à quelques hommes qui semblaient avoir pris à tâche de précipiter le Gouvernement de la Restauration dans les voies de la réaction.

Ici vient se placer un fait qui prouve une fois de plus combien était grand, à cette époque, le déchaînement des passions-politiques :

Au mois d'août 1820, M. de Châteaubriand étant venu à Dieppe, les chefs du parti royaliste lui offrirent un banquet et exclurent le sous-préfet.

Nous n'avons pas besoin de dire que M. de Châteaubriand fut le premier à condamner hautement cet acte d'ostracisme qui ne pouvait s'expliquer que par la violence de l'esprit de parti.

Mais le curé de la ville de Dieppe, homme considérable par sa position et par sa valeur personnelle, voulut donner à M. Thieullen un témoignage d'estime que nous reproduisons parce qu'il fait honneur et à celui de qui il émanait et à celui à qui il était destiné :

« Monsieur le sous-préfet, lui écrivait-il le 12 août 1820,
» si la voix publique vous apprend que je n'ai pas souscrit
» pour le dîner que certains amis de la monarchie donnent
» dimanche à l'un de ses plus zélés défenseurs, je vous prie
» de croire que je n'en demeure pas moins attaché au Roi et
» à la légitimité. Je me suis excusé sur l'usage où je suis de
» n'accepter aucune invitation pour les jours de fêtes; mais
» ce que je veux que vous sachiez, ce que j'ai besoin que
» vous sachiez, c'est que, par mon refus, j'ai entendu rendre

» un hommage public à la sagesse et à l'incorruptible équité
» de votre administration. Mes deux confrères et beaucoup
» d'autres invités suivront mon exemple ; nous nous croirions
» déplacés dans une réunion à laquelle vous n'êtes pas ap-
» pelé. »

Placé dans l'alternative d'épouser des passions que sa
raison et sa conscience réprouvaient ou de renoncer au
brillant avenir qui semblait s'ouvrir devant lui, M. Thieullen
ne pouvait pas hésiter. Il rentra dans la vie privée, empor-
tant dans sa retraite les regrets de tous ceux qui avaient été
à même d'apprécier l'élévation de son caractère, et les émi-
mentes qualités qui le distinguaient ; regrets dont le maire
et les adjoints de la ville de Dieppe ne craignirent pas de
se faire publiquement les chaleureux interprètes. En effet,
ils lui écrivaient, le 28 septembre 1820 :

« Monsieur le sous-préfet, le bruit de votre prochain dé-
» part, qui s'est répandu dans notre ville, nous a beau-
» coup affligés en nous apprenant que bientôt allaient
» cesser avec l'administration municipale des rapports que
» vous aviez su lui rendre si chers, si précieux, par
» votre active et constante sollicitude à concourir avec
» elle à faire le bien de la cité. Veuillez donc, Monsieur le
» sous-préfet, agréer l'expression sincère de nos vifs regrets
» et de notre profonde reconnaissance. Nous conserverons
» longtemps le souvenir de vos vertus, de votre intégrité et
» des bienfaits dus à votre administration, aussi sage, aussi
» éclairée qu'elle était douce et paternelle. »

Les souvenirs laissés par le jeune administrateur étaient de ceux qui ne s'effacent pas. Ils lui valurent, quelques années plus tard, un témoignage de confiance dont il dut être heureux et fier.

En février 1828, les électeurs de l'arrondissement d'Yvetot lui offrirent la députation, en remplacement de M. Bignon qui, élu à Yvetot, aux Andelys et à Rouen, avait opté pour les Andelys.

C'est sans doute, leur répondit M. Thieullen, à la mémoire si chère à tous que mon père a laissée parmi vous que je dois l'honneur que vous me faites en ce moment; je n'en comprends pas de plus grand, mais, n'étant âgé que de trente-huit ans, il ne m'est pas possible de l'accepter.

Du reste, le moment approchait où le pays allait encore faire appel à son dévoûment.

Lorsque la Révolution de 1830 éclata, les autorités placées à la tête de la ville de Rouen s'étant retirées en déclarant qu'elles ne pouvaient plus rien dans l'intérêt de l'ordre, un gouvernement provisoire se forma, et la confiance de ses concitoyens appela M. Thieullen à en faire partie. N'écoutant que son dévoûment à la chose publique, M. Thieullen n'hésita pas à accepter un mandat qui pouvait avoir ses périls, et ne le résigna que lorsque l'ordre fut assuré.

Appelé, peu de temps après, à la préfecture des Côtes-du-Nord, il ne l'a quittée qu'en 1848.

Que dire de son administration pendant ces dix-huit années?

2

Nous ne pouvons mieux faire, pour répondre à cette question, que de laisser parler les faits et de citer quelques extraits des procès-verbaux du Conseil général du département :

1837. « Spontanément et à l'unanimité, le Conseil, qui s'est toujours fait une loi d'exprimer toute sa pensée, vote des remercîments à M. Thieullen sur son administration sage et paternelle. Il déclare à M. le Préfet qu'il possède l'estime, la confiance, l'attachement du département ; qu'il doit à son caractère personnel cette influence morale, seule possible dans les Côtes-du-Nord, et que les Bretons accordent difficilement. »

1838. « .... Cette prospérité, le Conseil général y a sans doute peu de part ; son loyal concours au moins n'a jamais manqué à l'excellent magistrat placé à la tête du département.

» A chaque session, le Conseil apprécie davantage tout ce qu'il y a d'habileté et de dévoûment dans l'administration du Préfet ; et, malgré l'égoïsme qu'il y a peut-être à le retenir longtemps dans ce pays, lorsque son mérite peut l'appeler à une position encore plus élevée, le Conseil ne peut s'empêcher d'exprimer avec quel chagrin il se verrait jamais séparé d'un Préfet qui a acquis des droits si mérités à sa confiance et à son affection. »

1839. « Le zèle de l'habile administrateur que la confiance du Roi a placé à la tête du département, ne s'est pas ralenti depuis la dernière session. Le Conseil a pu apprécier les heureux résultats de son administration sage et éclairée ; il ne peut que renouveler l'expression de ses sentiments de confiance, d'estime et d'affection, déjà si souvent mentionnés sur ses registres. »

1840. « Le Conseil consigne spontanément à son procès-verbal la déclaration suivante :

» L'administration de M. le Préfet étant toujours la même, les sentiments du Conseil à son égard ne peuvent varier. »

1841. « Quant à la direction de nos affaires, le Conseil exprime un dernier vœu qui les résume tous, au point de vue de la bonne et paternelle administration de ce département : c'est d'y conserver longtemps encore le digne Préfet dont la vie laborieuse a été depuis onze ans si réellement, si utilement consacrée au bien public. »

1842. « Soyons fiers d'être les élus d'un si bon pays, où tout est calme, tout est régulier, tout est facile, suivant les paroles du magistrat qui, depuis douze années, se dévoue sans relâche aux plus chers intérêts du département. »

1843. « Nous nous plaisons d'ailleurs à lui dire (au Préfet) que son dévoûment à nos intérêts, son zèle soutenu, ses efforts constants pour ménager nos ressources pécuniaires, lui assurent de nouveaux droits à notre haute estime. »

1844 « ...... Cet heureux résultat est dû à la sage administration qui s'applique avec un soin si studieux à ménager nos ressources pécuniaires. Plus nous avons approfondi, plus nous avons scruté, comme nous le devions, les actes de cette administration, et plus nous avons été convaincus de son esprit d'économie, de son dévoûment et de ses efforts laborieux pour le bien du pays.

« » Le Conseil se plaît à répéter, après quatorze ans, que M. Thieullen garde l'estime et la confiance du département. »

1845. « Une part de ces heureux résultats revient au premier magistrat de ce département; il vous disait, en ouvrant cette session, que notre bon pays, devenu le sien, avait tous ses intérêts, toute son affection, tout son dévoûment. Nous lui disons, nous aussi, ou plutôt nous lui répétons, que M. Thieullen a toute notre estime, tout notre attachement, et que le département apprécie, depuis quinze années, sa bonne et loyale administration. »

Cette unanimité de sentiments mérite d'autant plus d'être remarquée, que le Conseil général contenait alors dans son sein des députés et des membres de l'opposition.

Elle n'était, d'ailleurs, que l'expression du sentiment général, sentiment qui se traduisait par des faits chaque fois que l'occasion s'en présentait.

Nous pourrions en citer de nombreux exemples ; nous n'en citerons qu'un, parce qu'il suffit à lui seul pour montrer la solidarité que des liens réciproques d'estime et d'affection avaient établie entre le Préfet et ses administrés :

En 1843, le journal *le Siècle* ayant attaqué l'administration de M. Thieullen, on sait avec quel élan la garde nationale de Saint-Brieuc, qui représentait alors toutes les nuances d'opinions, se leva pour défendre son vieux Préfet.

On n'a pas oublié non plus avec quelle faveur fut accueillie, à cette époque, la promotion de M. Thieullen au grade de commandeur dans la Légion-d'Honneur.

Cette distinction n'était que la bien légitime récompense des longs et bons services qu'il avait rendus au pays ; elle est la seule qu'il ait obtenue du gouvernement du roi Louis-Philippe : c'était aussi la seule qu'il désirât, car son unique ambition était de rester Préfet du département des Côtes-du-Nord.

C'est avec cœur et dévoûment que M. Thieullen a servi la monarchie de 1830 ; il eût été certainement de ceux qui l'eussent défendue, si elle s'était défendue elle-même. Aussi n'est-ce pas sans douleur qu'il vit partir pour l'exil ce malheureux prince à qui la France devait dix-huit années de calme et de prospérité.

Après le départ du Roi, il s'empressa d'envoyer sa démission au Gouvernement provisoire, et ne consentit à conserver ses fonctions quelques jours de plus que sur les instantes prières qui lui furent adressées, au nom de la population, par les principaux habitants de la ville de Saint-Brieuc.

L'heure de la retraite était enfin arrivée pour M. Thieullen ; cette heure devait-elle être pour lui, comme pour tant d'autres, celle de l'indifférence et de l'oubli?

Le pays allait rendre son verdict.

A peine M. Thieullen eut-il quitté la préfecture que les employés qui, après avoir été pendant tant d'années ses collaborateurs, étaient restés ses amis, se réunirent pour lui offrir une coupe portant cette inscription : « *A M. Thieullen,* » *leur ancien Préfet, les employés de la préfecture recon-* » *naissants.* »

Nous mentionnons ce fait, parce qu'il honore surtout ses auteurs, si l'on songe qu'il s'accomplissait en mars 1848, sous les yeux du Commissaire de la République.

Puis, M. Thieullen fut successivement élu, par le suffrage universel :

Membre du conseil municipal de la ville chef-lieu ;

Membre du Conseil général ;

Président du Conseil général ;

Représentant à l'Assemblée législative.

Avec cette franchise et cette loyauté qui le caractérisaient, il avait dit aux électeurs : « Je n'ai été républicain ni de la » veille, ni surtout du jour, ni même du lendemain ; si je » l'avais été, vous me mésestimeriez ! »

S'il ne monta pas à la tribune où il aurait pu faire entendre des idées saines et pratiques, il fut, dans toutes les circonstances, l'un des membres les plus résolus du parti de l'ordre.

Après le 2 décembre, il fut un des premiers à se rallier au nouvel ordre de choses. En agissant ainsi, il obéit tout à la fois à une conviction et à un sentiment. Le devoir, à ses yeux, était de prêter son concours au seul pouvoir qui fût resté debout et qui fût assez fort pour sauver la France de l'anarchie. C'est cette pensée qu'il exprimait dans la lettre qu'il adressa à cette époque au département des Côtes-du-Nord, lorsqu'il disait : « Mon adhésion n'est inscrite ni à l'Élysée ni dans les antichambres des ministres, elle est inscrite au fond de ma conscience. »

D'un autre côté, comment ne se serait-il pas senti entraîné vers ce Prince qui portait le nom et était l'héritier de l'Empereur qui avait eu les plus vives affections de sa jeunesse ?

Nommé membre de la Commission consultative, il fut appelé à faire partie de la section chargée de suppléer le Conseil d'État.

Élu, en 1852, député au Corps législatif par l'arrondissement de Saint-Brieuc, il siégeait sur les bancs de cette assemblée lorsque, le 8 mars 1853, la confiance de l'Empereur vint l'y chercher pour l'élever à la dignité de Sénateur.

Voici comment s'exprimait, à cette occasion, le journal *la Bretagne*, dans son numéro du 12 mars 1853 :

« Hier matin, le *Moniteur* nous apportait la nomination de notre ancien Préfet, M. Thieullen, à la dignité de Sénateur. En un instant, la nouvelle se répandait dans tous les quartiers de notre ville, et causait un vif sentiment de joie aussi bien parmi les pauvres que parmi les riches, tant le nom de M. Thieullen est vénéré de tous.

» Chacun se félicitait de cette juste récompense accordée à l'administrateur qui, pendant sa longue carrière trop tôt brisée par la Révolution de Février, s'est acquis tant de titres à la reconnaissance du département; au député dont toute la vie était consacrée au bien du pays et en particulier à la défense des intérêts de ses commettants; à l'homme au cœur charitable dont les pauvres et les malheureux connaissent si bien la demeure et dont la bienfaisance est, pour ainsi dire, inépuisable.

» Nous pouvons donc affirmer que le choix de l'Empereur a été accueilli à Saint-Brieuc avec une sympathie générale, et nous sommes sûrs qu'il en aura été de même dans tout le département. »

Ce que nous pouvons affirmer de notre côté, c'est que jamais confiance ne fut mieux placée, car jamais l'Empereur n'aura de serviteur plus sincèrement dévoué.

Pendant les neuf années qu'il a eu l'honneur d'appartenir au premier corps de l'Etat, M. Thieullen n'a cessé d'applaudir aux grandes et nobles choses accomplies par l'Empire.

Il ne s'est séparé de la majorité de ses collègues que sur la question de Rome, mais, dans cette circonstance comme toujours, il ne s'est inspiré que de sa conscience et de ce qu'il croyait être l'intérêt de sa foi et de son pays.

Il comptait parmi ses plus doux souvenirs le jour où il avait eu l'honneur de présenter à l'Empereur et à l'Impératrice, pendant leur mémorable voyage en Bretagne, le Conseil général des Côtes-du-Nord dont il était le président, et d'adresser à Leurs Majestés les paroles suivantes :

« Sire,

» Le Conseil général des Côtes-du-Nord vient dire à Votre Majesté la reconnaissance, l'amour, le dévoûment vrai, profond, solide, de notre bon pays breton.

» Partout, dans nos campagnes, chez tous nos laboureurs, dans toutes nos chaumières, c'est un fait notoire, on n'a jamais cessé de rencontrer l'image du grand Empereur; jugez, Sire, combien ce nom, devenu doublement immortel, nous est aussi devenu doublement cher; combien il a plus profondément encore pénétré dans tous les cœurs qui l'avaient acclamé, lorsque, après avoir sauvé la France, vous l'avez faite si grande, si glorieuse, si prospère; lorsque jamais Souverain n'aura été plus que vous le protecteur, le bienfaiteur, le père des masses laborieuses. Sire, il est visible que c'est là aussi votre mission, et Dieu, qui nous entend, veut que vous l'accomplissiez tout entière.

» Sire, nous vous remercions avec effusion de votre bienvenue. Nos cœurs en avaient besoin, nous sommes heureux. Soyez heureux aussi parmi nous, Sire, car nulle part ailleurs vous ne pouvez être plus aimé. »

« Madame,

» Vous, la noble et courageuse compagne de notre Empereur; vous, l'auguste mère de notre Prince impérial que nos enfants béniront comme nous bénissons son père;

» Vous, dont toutes les misères, dont toutes les douleurs savent l'inépuisable bonté; vous, qu'on aimait déjà tant avant de vous avoir vue, daignez nous excuser si nous cherchons, sans les rencontrer, des mots qui puissent dire à Votre Majesté les sentiments si divers et si inexprimables, les sentiments de respectueuse et vive admiration, souffrez que nous disions de tendre vénération, dont nos cœurs sont en ce moment et à tout jamais pénétrés. »

L'Empereur répondit :

« Je suis profondément touché des marques de dévoûment que j'ai reçues dans toute la Bretagne. Les paroles que vous venez de prononcer ne peuvent qu'augmenter ma sympathie pour ce pays. Je compte beaucoup sur les Conseils généraux pour me seconder dans la tâche que j'ai entreprise. C'est par eux, en effet, que je puis connaître les besoins et les intérêts des départements. Je vous remercie. »

Mais depuis longtemps les forces de M. Thieullen allaient chaque jour s'affaiblissant ; déjà en 1860 il s'était vu dans l'impossibilité d'aller présider le Conseil général.

A cette occasion, il avait adressé à ses collègues une lettre dans laquelle, après les avoir priés d'excuser son absence, il s'exprimait ainsi :

« C'est avec orgueil, et, je le crois, un légitime orgueil, que de l'esprit et du cœur j'embrasse dans leur ensemble mes trente dernières années :

» 18 ans votre Préfet ;

» A travers la Révolution, et toujours depuis 12 ans votre président du Conseil général, élu ou nommé :

» Votre représentant à l'Assemblée législative;

» Votre député;

» Enfin votre sénateur; votre sénateur, parce que le grand cœur de l'Empereur m'a tenu compte des mérites que le pays m'avait faits.

» A l'Empereur toute ma reconnaissance, et encore merci au pays! »

Cette lettre avait produit sur le Conseil une vive impression.

En effet, nous lisons ce qui suit dans le procès-verbal de la séance du 1er septembre 1860.

Un membre lit la lettre suivante :

« Messieurs,

» M. le baron Thieullen, Sénateur, président du Conseil
» général, nous a écrit au début de cette session une lettre
» touchante pour nous expliquer et nous prier d'excuser
» son absence.

» Dans cette lettre, il nous fait en quelque sorte ses
» adieux, et semble pressentir que le moment de la retraite
» est venu pour lui.

» Espérons qu'il n'en est rien.

» Il n'est personne dans cette assemblée qui, durant la
» longue carrière administrative de M. le baron Thieullen,
» n'ait dû rendre hommage à son zèle ardent pour les in-
» térêts généraux, à son excessive bienveillance pour les
» intérêts privés; personne aussi qui, l'ayant vu depuis,

» n'ait su apprécier l'aménité de son caractère et les qualités
» de son cœur.

» Personne enfin n'a été plus honoré par la reconnaissance
» publique et les suffrages de ses concitoyens.

» Je propose donc au Conseil général de lui exprimer le
» regret que nous fait éprouver sa détermination et l'espoir
» qu'elle n'est pas irrévocable.

» Demandons-lui de nous apporter, longtemps encore, s'il
» est possible, le concours de ses lumières et de sa haute
» expérience. »

« La lecture de cette lettre est suivie des manifestations
les plus affectueuses de la part de l'assemblée. Le procès-
verbal portera à notre respectable président un témoignage
de plus des vives sympathies du Conseil, de son souvenir et
de sa reconnaissance. »

Mais le vœu exprimé par le Conseil général ne devait pas
se réaliser.

M. Thieullen est mort le 4 janvier 1862, dans sa soixante-
treizième année.

Bien que prévue, la mort d'un homme de bien cause toujours une impression pénible. La mort de M. Thieullen fut
accueillie par des regrets universels.

La France perdait un citoyen utile, l'Empereur un serviteur dévoué, le Sénat un de ses membres justement
respecté.

La presse s'empressa de se faire l'interprète du sentiment
général. Elle publia divers articles nécrologiques que nous

ne reproduirons pas ; nous nous bornerons à emprunter quelques lignes au *Journal d'Ille-et-Vilaine* :

« Nous apprenons avec un vif chagrin la mort de l'honorable M. Thieullen, Sénateur, qui a pendant de longues années été Préfet des Côtes-du-Nord. M. Thieullen s'était fait aimer et estimer de tout le monde ; ses manières affables, son application aux affaires, son équité proverbiale en avaient fait un administrateur hors ligne. L'Empereur, en l'appelant au Sénat sur la fin de sa carrière, avait répondu au sentiment public avec un rare bonheur. »

Mais c'est dans le département des Côtes-du-Nord que cette perte devait se faire sentir plus vivement encore.

Dès le 14 janvier, lit-on dans le *Publicateur des Côtes-du-Nord*, M. Bonnefin, Maire de la ville de Saint-Brieuc, s'exprimait ainsi devant le Conseil municipal assemblé :

« Vous savez tous, Messieurs, la perte considérable que vient de faire la ville de Saint-Brieuc, dans la personne de M. le baron Thieullen, Sénateur, qui était si dévoué à tous nos intérêts généraux, qui a rendu tant de services particuliers à tous ceux de nos compatriotes qui ont eu recours à son zèle si bienveillant ou à son extrême générosité.

» Pendant dix-huit années, Préfet de notre département, il avait rendu tant de services, que la ville de Saint-Brieuc eut à cœur, en 1848, de lui donner une marque non équivoque de sa vive reconnaissance. — Elle l'appela donc au sein de son Conseil municipal, puis le nomma son représentant au Conseil général , dont il devint président.

» Peu après, une nouvelle occasion se présenta de donner à M. le baron Thieullen une preuve de plus des vives sympathies qu'il avait conquises. Nous le portâmes unanimement à l'Assemblée législative, et nous savons tous, par la sagesse de ses votes, combien il était digne de notre choix.

» Le chef de l'Etat ne put fermer les yeux sur tant de titres, presque tous donnés par nous, et y ajouta celui de Sénateur, expression de la plus haute estime et de la confiance la mieux méritée.

» Je n'entreprendrai pas d'énumérer les services qu'il nous a rendus, car la liste serait longue. Ils sont d'ailleurs bien connus, et jamais l'administration actuelle n'oubliera l'ardeur intelligente qu'il mit à la seconder, quand se présentèrent les questions vitales pour la ville de Saint-Brieuc de la surtaxe et de notre chemin de fer.

» M. le baron Thieullen était donc le plus actif, le plus dévoué et le plus haut placé des protecteurs des intérêts de la ville de Saint-Brieuc.

» Une telle position, d'aussi longs services n'obtiendront-ils de nous aujourd'hui que des marques ordinaires d'un regret sincère? Notre reconnaissance finira-t-elle avec le triste jour qui vient de terminer une carrière si remplie, une vie qui nous était toute dévouée?

» Cela ne se peut, Messieurs. Nous garderons certainement un religieux souvenir de l'homme qui fut notre meilleur ami : vous voudrez faire durer l'expression de vos regrets , en les exprimant sur le registre de vos délibérations.

» Il y a plus, j'aime à le croire, vous vous rendrez aux vœux d'une grande partie des habitants de votre ville, dont je suis ici l'interprète, en vous proposant de donner un témoignage public de vos sentiments, par la célébration d'un service à la cathédrale. Les populations s'honorent toujours toutes les fois qu'elles sont reconnaissantes et s'empressent de le prouver.

» S'associant aux sentiments exprimés par M. le Maire en son nom personnel, le Conseil émet le vœu que le procès-verbal de la séance contienne l'expression de ses regrets de la perte récente de M. le baron Thieullen, Sénateur, que tant de liens rattachaient au département et particulièrement à la ville de Saint-Brieuc.

» Successivement Préfet des Côtes-du-Nord, membre du Conseil municipal de la ville, membre et Président du Conseil général du département, représentant des Côtes-du-Nord à l'Assemblée législative, député au Corps législatif, M. Thieullen a donné jusqu'au dernier moment à la ville de Saint-Brieuc, sa patrie d'adoption, des preuves d'un attachement qu'elle n'oubliera jamais. Toujours la ville de Saint-Brieuc lui sera reconnaissante pour les services qu'il lui a rendus avec tant de zèle et d'obligeance, et les habitants n'oublieront pas plus la bienveillance avec laquelle, en de nombreuses occasions, il a servi leurs intérêts, que les pauvres n'oublieront sa générosité, sa charité, dont, absent ou présent, il leur a donné tant de marques.

» Pour honorer la mémoire de **M.** le baron Thieullen et lui donner une preuve publique de souvenir et de reconnaissance, le Conseil décide qu'un service solennel, auquel l'administration et le Conseil assisteront en corps, sera célébré, aux frais de la commune, dans l'église Cathédrale, le jour qui sera convenu ultérieurement entre l'administration municipale et l'autorité ecclésiastique.

» Conformément aux intentions du Conseil municipal, exprimées dans la délibération qui précède, le service pour la mémoire de notre ancien Préfet avait lieu mardi dernier.

» A cet effet, un grand nombre de nos concitoyens, parmi lesquels figuraient toutes les notabilités de l'endroit et de plusieurs villes voisines, s'étaient rendus dans la salle de la Mairie, pour accompagner à l'église le Corps municipal.

» Avant de s'y rendre, M. le Maire a cru devoir donner lecture de sa proposition au Conseil municipal et de la délibération qui en a été la suite. Puis il a remis copie de l'une et de l'autre à **M.** Thieullen fils, présent. Ces pièces étaient accompagnées de celle-ci :

« *A M. Thieullen, Conseiller à la Cour Impériale de Rennes.*

» Monsieur,

» J'ai l'honneur de vous remettre la délibération par laquelle le Conseil municipal de Saint-Brieuc a voulu consigner sur les registres de la commune l'expression de ses regrets de la mort de Monsieur votre père, et le témoignage de sa reconnaissance pour les services qu'il a rendus au pays.

» Veuillez agréer, etc.

» *Le Maire*,

» D. BONNEFIN. »

Au mois d'août suivant, le Conseil général, voulant donner un dernier témoignage à son ancien Président, décida qu'il ferait célébrer un second service solennel pour le repos de son âme.

Le Journal l'*Armorique* rend compte de cette cérémonie en ces termes :

» Dès sa première réunion, le Conseil général, s'associant aux regrets qui, dans tout le département, ont éclaté à la mort de M. le baron Thieullen, ancien Préfet des Côtes-du-Nord, Député au Corps législatif, puis Sénateur, a décidé qu'il ferait célébrer un service pour le repos de l'âme de celui qui, pendant douze années consécutives, avait été appelé à l'honneur de présider les délibérations des mandataires du pays.

» Ce service a été célébré hier jeudi, en présence d'une affluence considérable, où l'on remarquait le Conseil général en corps, ayant à sa tête M. le général comte de Goyon, Sénateur, président ; M. le Préfet des Côtes-du-Nord, M. Hérault, premier adjoint, beaucoup de membres du

Conseil municipal et de fonctionnaires, les employés des bureaux de la Préfecture, etc. La cathédrale était toute tendue de noir; là messe de *Requiem* a été chantée en faux-bourdon. M. le curé-archiprêtre de la cathédrale officiait, et l'absoute a été faite par Mgr David, assisté de ses grands-vicaires et entouré de tout son chapitre.

» Cet hommage solennel rendu à la mémoire de M. le baron Thieullen est un témoignage éclatant des sentiments de vénération et de reconnaissance qui survivent à la perte douloureuse de l'homme éminent qui a consumé presque toute sa vie au service du département, et que la mort seule a pu arrêter dans l'exercice de son dévoûment aux intérêts de son pays d'adoption. »

Ce qui honore M. Thieullen, ce n'est pas seulement d'avoir été Préfet du même département pendant 18 ans, ce qui l'honore surtout, exceptionnellement, c'est d'avoir su conquérir l'attachement de ses administrés, et, après l'avoir conquis, d'avoir su le conserver.

C'est cet attachement, sans exemple peut-être, qui lui avait fait une situation sans précédent. Et, pour l'avoir gardé pendant plus de trente ans, sans qu'il se soit démenti un seul jour, il fallait l'avoir mérité.

Disons que ce sera aussi l'honneur du pays d'avoir donné de telles marques d'estime et d'affection à son vieux Préfet au moment où il tombait renversé par une révolution. Les Bretons ont prouvé une fois de plus que, s'ils se donnent difficilement, ils sont des amis fidèles et dévoués.

Nous ne rappellerons pas les services rendus au pays par M. Thieullen, la liste en serait trop longue, ainsi que l'a dit le premier magistrat de la ville de Saint-Brieuc ; la vérité est qu'il n'est pas un seul acte un peu important intéressant le département des Côtes-du-Nord auquel il soit resté étranger.

Qui ne sait que pendant plus de trente ans, il n'a eu qu'une pensée : se dévouer tout entier à ce département, que c'étaient là sa préoccupation de tous les instants, son bonheur, sa vie ?

Qui ne sait qu'il avait voué à *son cher pays d'adoption, qui lui était aussi cher que son pays natal*, une affection profonde que la mort seule a pu briser.

Mais, avant de mourir, il a voulu adresser un suprême adieu à ceux qu'il avait tant aimés, et, en tête de ses pensées dernières, il avait écrit encore une fois : « *Je remercie ce bon* » *département des Côtes-du-Nord des témoignages d'estime* » *et d'attachement qu'il m'a si constamment donnés, je lui* » *devais et je lui ai fidèlement gardé reconnaissance et dévoû-* » *ment.* »

En présence d'un passé rempli de tels souvenirs, que pourrions-nous ajouter ? Le pays n'a-t-il pas dit et répété, par l'organe de ses représentants, que personne n'a été plus honoré que M. Thieullen par la reconnaissance publique et la confiance de ses concitoyens ?

Somme toute, c'est une noble et touchante existence que celle de M. Thieullen ; elle peut se résumer en quelques mots : honneur dans son acception la plus haute, amour du beau et du bien.

Préfet, son administration, toujours loyale, aussi douce, aussi paternelle qu'elle était éclairée, *d'une incorruptible équité*, lui a valu de nombreux amis et le respect de ses adversaires.

Membre de nos assemblées, il est resté jusqu'à la dernière heure fidèle à son drapeau qui était celui de l'ordre et des grands intérêts de la France.

Mais l'indépendance, l'élévation du caractère, une fermeté de principes que rien ne pouvait ébranler, l'amour du pays, ces grandes qualités qui font le citoyen n'étaient pas les seules qu'il possédât.

A côté des vertus de l'homme public brillaient en lui d'autres vertus, rendues plus touchantes encore par la modestie sous laquelle elles semblaient se cacher et les formes gracieuses dont elles s'enveloppaient.

Il était impossible, en effet, d'allier à une dignité plus vraie des manières plus simples, plus douces, plus sympathiques; ni d'avoir un abord plus affable, toujours le même, c'est-à-dire toujours bienveillant; car, telle était l'égalité de son humeur, que la souffrance même ne parvenait pas à l'altérer.

A un esprit plein de charmes, de droiture, de pénétration et en même temps de bonhomie, il joignait des délicatesses de cœur infinies.

Son âme tendre, aimante, douée d'une exquise sensibilité, n'était ouverte qu'aux sentiments élevés, généreux.

Le désintéressement, l'abnégation semblaient être une des conditions de sa nature, à ce point qu'il est vrai de dire qu'il vivait moins pour lui-même que pour les autres. Non content de se consacrer aux intérêts du pays, il aimait à venir en aide à ceux qui s'adressaient à lui. Dès qu'il s'agissait d'obliger, il ne reculait ni devant les ennuis, ni devant les fatigues; souvent, trop souvent il oubliait le soin de sa santé.

Nous avons sous les yeux des milliers de lettres adressées depuis trente ans au préfet, au député, au sénateur, qui, presque toutes, avaient pour objet ou un service demandé ou un service obtenu.

Heureux de faire des heureux, il se bornait à répondre : *Si je réussis, ne me remerciez pas ; si j'échoue, plaignez-moi !*

Tant que ses forces lui ont permis de se tenir debout, tant que sa main a pu soutenir une plume, il a continué son œuvre de dévoûment.

Quant à sa charité, on l'a dit, elle était inépuisable. Il se serait imposé des privations pour donner davantage à ceux qui souffraient. Les pauvres n'avaient pas de meilleur ami. Que d'infortunes, que de douleurs, que de misères il a soulagées! que de larmes il a séchées! que de bénédictions il a reçues!

Homme de foi et de conviction, il a vu la mort approcher sans effroi, et, lorsque l'heure suprême est arrivée, il s'est doucement éteint dans les bras du Seigneur.

Il est mort avec le calme, avec la sérénité du juste.

Il est mort comme il a vécu.

M. Thieullen n'est plus, mais ses œuvres restent; son passage aura été marqué par le bien qu'il a fait, et, long-temps encore, des voix amies répéteront ces paroles d'un publiciste : « M. Thieullen était un noble cœur, il a noble-ment rempli sa mission sur cette terre. »